VISTA™

Usar
evidencia del texto

Frases claves para **usar evidencia del texto:**

Con base a lo que leí, sé que...

En la página _____ dice...

En el párrafo _____ dice...

Ya sé que _____ porque en el texto...

El autor dice...

Esa oración apoya mi respuesta porque...

Puedo inferir _____ porque en el texto...

Cuando escribes sobre algo que has leído, debes usar evidencia del texto, es decir, **usar los detalles** que este te proporciona para apoyar tus respuestas.

Accidentes geográficos de la Tierra

El planeta Tierra tiene distintos tipos de accidentes geográficos, como las colinas y montañas. La Tierra también tiene cuerpos de agua, como los ríos y lagos.

accidentes geográficos

¡Puedes encontrar diferentes accidentes geográficos y cuerpos de agua en todo nuestro planeta!

Mira a tu alrededor. ¿Qué accidentes geográficos ves? ¿Qué cuerpos de agua ves?

Esto es una montaña. Las montañas se alzan muy altas sobre la tierra.

Algunas montañas todavía están creciendo. ¡Se hacen un poquito más altas con los años!

El suelo de una montaña es muy rocoso. La mayoría de las montañas tienen lados **empinados** y una **cumbre** alta. La cumbre es el punto más alto.

Las cumbres de las montañas son muy frías y muchas de ellas están cubiertas de nieve.

cumbre

empinado

Un **valle** es un terreno bajo entre colinas o montañas.
Muchos valles tienen ríos que los atraviesan.

La lluvia corre por los costados de las montañas.
A veces, el agua de lluvia forma ríos en los valles.

valle

Esto parece unas montañas y un valle, ¡pero es un **cañón**!

Un cañón se forma cuando un río erosiona lentamente la tierra. El cañón se hace más profundo con el tiempo. Las paredes del cañón pueden ser muy empinadas. ¡Un cañón tarda mucho tiempo en formarse!

cañón

Las llanuras son terrenos planos. No tienen montañas ni colinas. Algunas llanuras son **pastizales**. Están cubiertas de pasto.

pastizales

Las llanuras cubren una gran parte del planeta Tierra.

Muchas llanuras tienen suelo fértil. Son buenas para la agricultura. Los agricultores cultivan muchas plantas en las llanuras.

cultivos

El océano cubre la mayor parte del planeta Tierra. El agua del océano puede ser muy profunda.

¡Hasta hay montañas y valles en el océano!

El océano tiene agua salada. Muchos tipos de animales viven en el océano. En el océano viven peces de todos los tamaños y ballenas.

El río es otro cuerpo de agua. El agua puede fluir muy rápido en un río.

Los ríos llegan a unirse con otros ríos, lagos o con el océano.

Los ríos son importantes para la vida en el planeta Tierra porque dan agua a las personas, los animales y las plantas. El **suelo** cerca de los ríos es bueno para los cultivos.

suelo

Los lagos son cuerpos de agua. Están rodeados de tierra.

La mayoría son de agua dulce, pero algunos lagos son de agua salada.

A la gente le gusta nadar, navegar y pescar en los lagos.

Mira este lago. El agua es de un azul muy oscuro. Está rodeado de bosques por todos lados.

¡La Tierra es un planeta increíble!

cañón

cultivos

cumbre

empinado

pastizales

suelo

valle

Photography and Art Credits

All images © by Vista Higher Learning unless otherwise noted.

Cover: Vixit/Shutterstock

4-5: Altanaka/Shutterstock; **6:** Kris Wiktor/Shutterstock; **7:** Vixit/Shutterstock; **8:** Invisiblepower/Deposit Photos; **9:** Craig Hastings/Getty Images; **10:** Kungfoofoto/Shutterstock; **11:** HannaTor/Shutterstock; **12:** Vladi333/Shutterstock; **13:** Rich Carey/Shutterstock; **14:** SimpleFoto/Deposit Photos; **15:** ImageBROKER/Alamy; **16:** Dajahof/Shutterstock; **17:** Colin Schmitt/Shutterstock; **18:** (tl) Craig Hastings/Getty Images; (tr)HannaTor/Shutterstock; (mtl) Vixit/Shutterstock; (mbl) Kungfoofoto/Shutterstock; (mbr) ImageBROKER/Alamy; (b) Invisiblepower/Deposit Photos.

© 2024, Vista Higher Learning, Inc.
500 Boylston Street, Suite 620
Boston, MA 02116-3736
www.vistahigherlearning.com
www.loqueleo.com/us

Dirección Creativa: José A. Blanco
Vicedirector Ejecutivo y Gerente General, K–12: Vincent Grosso
Desarrollo Editorial: Salwa Lacayo, Lisset López, Isabel C. Mendoza
Diseño: Radoslav Mateev, Gabriel Noreña, Andrés Vanegas, Manuela Zapata
Coordinación del proyecto: Karys Acosta, Tiffany Kayes
Derechos: Jorgensen Fernandez, Annie Pickert Fuller, Kristine Janssens
Producción: Thomas Casallas, Oscar Díez, Sebastián Díez, Andrés Escobar, Adriana Jaramillo, Daniel Lopera, Daniela Peláez

Accidentes geográficos de la Tierra
ISBN: 978-1-66992-203-2

Printed in the United States of America

1 2 3 4 5 6 7 8 9 GP 29 28 27 26 25 24